# HECHIZOS MAGICOS DE QUIMBANDA

## LOS SECRETOS DE LA MAGIA AFRO-BRASILENA

## REINO DEL CEMENTERIO

*CARLOS ANTONIO DE BOURBON-GALDIANO-MONTENEGRO*

AMERICAN CANDOMBLE CHURCH PUBLICATIONS, LOS ANGELES, CALIFORNIA

# HECHIZOS MAGICOS DE QUIMBANDA

## LOS SECRETOS DE LA MAGIA AFRO-BRASILENA

## REINO DEL CEMENTERIO



Traducción al español por **VERMELHO**

**AMERICAN CANDOMBLE CHURCH PUBLICATIONS**

**P.O. BOX 881377**

**LOS ANGELES, CALIFORNIA 90009**

**AVISO LEGAL**

Ninguna parte de este libro puede ser reproducida en cualquier forma sin el permiso escrito del editor o el autor de este libro. Este libro contiene fórmulas que se utilizaron en la historia afro-brasileña prácticas religiosas de Quimbanda, Candomblé, Macumba y Umbanda. El autor y el editor no favorecen ninguna de las prácticas en este libro, ni asumimos ninguna responsabilidad por la presentación de las fórmulas o de cualquier información contenida en este libro. Las fórmulas se presentan para sólo curiosidad. Ni el autor, Carlos Antonio de Bourbón-Galdiano-Montenegro ni el editor, Iglesia Candomblé de America asumen responsabilidad alguna por el resultado de cualquiera de los hechizos, rituales o iniciaciones en este libro. No hacemos reclamos de los poderes sobrenaturales de estos rituales tradicionales de iniciación. Todas las consultas o comentarios pueden dirigirse a la editorial. Usted debe ser al menos 18 años de edad o más para comprar este libro o para comprar cualquiera de los suministros mencionados en este documento.

## TABLA DE CONTENIDO

## DESCRIPCION DEL LIBRO

Este libro contiene información sobre los hechizos y rituales sagrados de la religión Afro-Brasileña de Quimbanda. Este libro en particular contiene información sobre cómo hacer hechizos y rituales para el Espíritu, Exu Rei Das Kalunga y el Espíritu, Pomba Gira Reina Da Kalunga del Cuarto Reino Menor de Quimbanda, también conocido como El Reino del Cementerio (REINO DA KALUNGA). Este libro también contiene información sobre cómo hacer hechizos y rituales para los nueve (9) Exus Guardianes que rigen en el Reino de Quimbanda del Cementerio.

# INTRODUCCION A QUIMBANDA

Las raíces históricas de la tradición de Quimbanda son claramente Africana. El gran comercio de esclavos africanos, que duró desde 1514 - 1866 trajo la cultura africana a Brasil y las Américas. Quimbanda es una religión Afro-Brasileña practicada principalmente en los centros de las ciudades urbanas de Brasil. Quimbanda se asocia típicamente con oraciones y rituales asociados con una mezcla de distintas formas de espiritualidad. Antes e incluso después de la diáspora africana, la religión de Quimbanda se fusionó con otras tradiciones religiosas y es una mezcla de nigromancia Europea y la hechicería, las tradiciones religiosas del Congo, creencias indígenas de los indios nativos de la selva amazónica, el espiritismo Europea y la magia cabalística de los judíos

Más de 500 años de formación en el Nuevo Mundo, la fe de Quimbanda, a través de la evolución espiritual ha surgido y se convierte en una creencia religiosa muy distinta que es ampliamente aceptada como una tradición religiosa legítima. Aunque es muy diferente de su práctica religiosa original, que tenía sus raíces en el Congo africano, el concepto religioso es idéntico en la estructura de la religión y la práctica ritual.

La palabra Quimbanda (Kimbanda) en realidad proviene de la palabra africana bantú que significa "curandero" o "chamán". Quimbanda también se refiere a "el que se comunica con el más allá".

"Quimbanda es la magia más poderosa del Congo que se encuentra en el Nuevo Mundo y también es conocida y reverenciada quizás como la forma más dinámica y complicada." Quimbanda estaba contenida originalmente en la religion Afro-Brasileña de Macumba. En la segunda mitad del siglo 20, Macumba se dividió en dos religiones: Quimbanda y Umbanda. Umbanda representa el más popular entre los muchos elementos cristianos de la Macumba, mientras que Quimbanda reteñidlos rasgos distintivo de África. Quimbanda ha continuado a distinguirse como una religión, cuando se resistía a muchos, pero no todas las influencias católicas y el espiritismo francés, que han penetrado en Umbanda y otras religiones Afro-Brasileñas.

La religión de Quimbanda primero fue traída a los Estados Unidos en la década de 1920 por la familia de Bourbón-Montenegro que tienen una larga historia y participación con las religiones afro-brasileñas, desde el año 1864. La religión de Quimbanda ha ido aumentando en popularidad en los últimos años con los nuevos conversos y los profesionales de todo el mundo y de cada caminata socio-económicos y étnica de la vida. La razón de su aumento de la popularidad es que la filosofía de la religión y la práctica espiritual de la religión de Quimbanda responde las preguntas sobre el significado de la vida y también resuelve rápidamente a través de la espiritualidad los problemas asociados con nuestra vida. Los rituales de Quimbanda le da a las personas un sentimiento de control sobre sus vidas a través de auto-empoderamiento para creer en sí mismos y su destino espiritual.

Practicantes de la religión de Quimbanda toman conciencia del gran poder y misterios encontrados en la naturaleza y su entorno espiritual. A través de una serie de ritos de iniciación progresiva asociada con Quimbanda, los individuos se convierten a personas responsables y tienen un mayor respeto por el medio ambiente y los misterios de Dios.

En el año 2003, Carlos Antonio de Bourbón-Galdiano-Montenegro fundó la primera iglesia legal de las tradiciones Afro-Brasileños en los Estados Unidos, la Iglesia Candomble de América. La Iglesia Candomble de América fue fundada para establecer un centro religioso y centro cultural para la práctica de las confesiones religiosas Afro-Brasileña del Candomblé De el Congo y Quimbanda.

La tradición de Quimbanda y su filosofía espiritual poderosa ya no se limitan a Brasil y practicantes religiosos se pueden encontrar en casi todos los países del mundo.

## LA FILOSOFIA RELIGIOSA DE QUIMBANDA

La religión de Quimbanda es monoteísta. El monoteísmo es la creencia en la existencia de un Dios Supremo. Religiosos iniciados en la religión de Quimbanda refieren a él como Nzambi o Nzambi Mpungu, "Dios Todo poderoso de los misterios celestiales y el Creador de los Cielos y la Tierra". En la religión de Quimbanda, Dios también se le conoce como Nzambi Ntoto. En el contexto religioso de nuestra teología, la palabra Nzambi Ntoto significa "Dios ¿Quién ha tocado y se acercó a la Tierra". Los iniciados de Quimbanda también se refieren a Dios como Ndala Karitanga (Dios que se ha creado) y Sa Kalunga (Señor interminable, infinito y Dios Supremo), después de haber creado el mundo y todo en él. Aunque muchos practicantes religiosos de Quimbanda consideren su filosofía de la religión como monoteísta, hay muchos elementos del panteísmo, que se han incorporado dentro de los límites de la creencia de un Dios verdadero.

Panteísmo es la opinión de que el Universo (la Naturaleza) y Dios son idénticos y que la esencia de Dios se encuentra dentro de los Cosmos como una unidad que todo lo abarca y lo sagrado de la naturaleza.

Ha habido en los últimos años mucho debate y confusión sobre la religión de Quimbanda como politeístas, pero no lo es. Es difícil delimitar a partir de nociones del panteísmo y el monoteísmo. La confusión proviene de la falta de entendimiento entre los conceptos de la palabra "adoración" y la "veneración".

La adoración es un acto de la devoción religiosa a uno o más espíritus.

La veneración es un acto especial de honrar a un santo: una persona muerta que ha sido identificado como singular en las tradiciones de la religión.

En el mundo de Quimbanda, adoramos a Dios y veneramos las deidades o espíritus (Nkisi). Los católicos veneran a los santos, (entre ellos María), como seres humanos que tienen grandes cualidades, vivieron su fe en Dios hasta el extremo y se cree que son capaces de interceder en el proceso de salvación para otros, sin embargo, los católicos no los adoran como dioses.

Hay otros ejemplos de las religiones monoteístas como el cristianismo, que comprenden los conceptos de una pluralidad de lo divino, por ejemplo, la Trinidad, en la que Dios es un ser en tres personas eternas (el Padre, el Hijo y el Espíritu Santo). Además, la mayoría de las iglesias cristianas enseñan que Jesús es dos naturalezas (divina y humana), cada uno con los atributos completos de esa naturaleza, sin mezcla de los atributos.

A pesar de que se pueden encontrar en el continente africano, así como en muchos otros lugares del mundo la creencia politeístas en las creencias y prácticas religiosas, el concepto del monoteísmo en el antiguo continente africano ha existido por más de 8500 años y su concepto no es nuevo. La práctica del monoteísmo en África es anterior al nacimiento del cristianismo. La mayor parte del miedo y la confusión sobre Quimbanda y Candomblé tradiciones religiosas provienen de individuos que tienen una falta de entendimiento acerca de la filosofía religiosa de las culturas africanas y sus tradiciones sagradas.

A pesar de que definimos las entidades espirituales venerado y se asocia con la tradición religiosa de Quimbanda como deidades, no lo son. La palabra deidad para aquellos que practican Quimbanda en la Iglesia Candomblé de América simplemente significa y se refiere a un espíritu elevado que se puede pedir que interceda por nosotros directamente a Dios y nos ayudan en el proceso de la elevación espiritual y la evolución de nuestra alma. Este concepto es el mismo que la veneración de los santos por los católicos romanos.

Hay un solo Dios verdadero en la filosofía religiosa de Quimbanda y lo llamamos Nzambi, el "Padre y Creador de los Cielos y la Tierra", el "Creador de todo lo que "se ve" y "invisible".

## LAS DEIDADES DEL PANTEON DE QUIMBANDA

Si usted va a tener éxito en el uso de los principios espirituales de este libro, así como muchos de mis otros libros escritos sobre Quimbanda y Candomblé de las tradiciones religiosas del Congo, es importante que usted entienda el concepto religioso y la función espiritual de las deidades y los espíritus del panteón de Quimbanda. Al entender el concepto espiritual de Quimbanda, usted será capaz de ver resultados muy rápido en sus solicitudes espiritual.

Aunque hay varias formas de Quimbanda tradicional brasileña practica en todo Brasil y el mundo y cada uno con sus propios puntos de vista religiosos sobre cómo la religión debe ser practicada y cómo las deidades y espíritus de Quimbanda deben organizarse, voy a presentarle en este libro el sistema mágico-religioso y la filosofía religiosa practicada por los miembros de la Iglesia Candomble de Quimbanda.

Se ha estimado que hay más de 65,000 templos religiosos de Quimbanda en Brasil. Templos de Quimbanda se llaman Terreiro (patio trasero) o Tenda (tienda). En Brasil, cada uno de los templos de Quimbanda son organizaciones religiosas que se centran en un líder espiritual central.

El líder espiritual del tradicional templo de Quimbanda se llama "Tata Nganga" o "Pai de Santo". Las dos palabras significa "Padre de los Misterios de los espíritus".

La Iglesia Candomble deAmerica es la primera y única organización conocida religiosa legal en los Estados Unidos que existe en el mundo que ha sido formalmente organizado y estructurado con miembros de todo el mundo y de todos los ámbitos de la vida.

Este libro sólo explora los misterios espirituales de los Siete Reinos Menores de Quimbanda de la deidad conocido como Exu.

La filosofía de Quimbanda cree que el Universo y la Tierra se dividen en siete reinos o reinos espirituales. Cada uno de estos reinos espirituales ha sido designado con los guardianes espirituales de Nzambi. Estas deidades fueron colocadas allí por Nzambi para gobernar estos reinos en los que residen los espíritus.

Cada uno de los siete reinos de Quimbanda ocupa varios aspectos de cómo la humanidad se relaciona con los espíritus que se encuentran en la naturaleza.

En el panteón de Quimbanda los deidades y espíritus se compone de Siete (7) Reinos exteriores de Quimbanda y Siete (7) Reinos interiores de Quimbanda. Estos reinos sagrados que se conoce como Los Reinos Mayores y los Reinos Menores de Quimbanda.

El reino de los cielos, donde reside Nzambi no se considera una categoría de uno de los Reinos de Quimbanda porque él es el "Creador" y es sólo a través de su "gracia divina" que todos los reinos interiores y exteriores existen.

En el sistema de Quimbanda Nzambi es considerado masculino, pero puede crear dualidad en su trabajo y en sus creaciones sagradas.

Los primeros tres (3) Reinos de las deidades en Quimbanda son conocidas como la Trinidad de Quimbanda. La Trinidad de Quimbanda se compone de las tres deidades Exu Maioral, Rei Exu y María Padilla Reina. En conjunto, estas tres fuerzas espirituales poderosos gobiernan los gran cosmos y las leyes universales de la Tierra de Nzambi. Es por eso que los iniciados de la religión de Quimbanda veneran a estas tres deidades. La veneración de la Santísima Trinidad de Quimbanda es una creencia espiritual de nuestra fe. Practicantes religiosos de Quimbanda creen que las deidades del panteón de Quimbanda fueron colocados allí por Nzambi para vigilar el Universo y sobre las acciones de la humanidad.

Los Siete Reinos Menores de Quimbanda se rigen por las deidades de Quimbanda el Rey, Exu Rei y la reina, María Padilla Reina. La Reina, María Padilla Reina es también conocida como Pomba Gira por los iniciados de Quimbanda.

Las deidades Exu Rei y María Padilla Reina se cree que tienen siete diferentes caminos espirituales, que se dividen entre los Siete Reinos Menores de Quimbanda.

Cada uno de los siete reinos menores de Quimbanda se rige por un camino distinto espiritual de los espiritus, Exu Rei y María Padilla Reina.

Dentro de cada uno de los siete reinos menores de Quimbanda, hay 9 Espíritus Guardianes de Exu y Pombagiras. Estos Espíritus Guardianes de Exu y Pombagiras están ahí para ayudar al rey y la reina de cada uno de los siete reinos Menores de Quimbanda. Cada uno de estos Espíritus Guardianes de Exu y Pombagiras están asociados con una tarea específica espiritual para ayudar espiritualmente a la humanidad.

Aunque hay muchos diferentes Exus y Pombagira representados dentro de los límites de la Los siete reinos menores de Quimbanda, se cree que existen 121 diferentes Exus distintas y 121 Pombagiras distintas quetambién se encuentra dentro de los límites los Siete Reinos Menores de Quimbanda. Esta creencia no es compartida por todos los templos de Quimbanda, pero esta es la filosofía religiosa de la Iglesia Candomblé de América.

En la siguiente explicación de los Siete Reinos Mayores de Quimbanda y Los Siete Reinos Menores de Quimbanda, la palabra "deidad" refiere a una fuerza espiritual que Nzambi puesto a cargo de un particular Reino de Quimbanda y la palabra espíritu (Nkisi) se refiere a una fuerza espiritual que se somete a los espíritus de la deidad. En ambos casos, las dos fuerzas dominan y tienen un control de gran alcance e influencia sobre el destino de los seres humanos. Aunque la tradición de Quimbanda cree que estas entidades espirituales tienen un gran impacto e influencia en la vida y el destino de todos los seres humanos también creemos que Nzambi en el momento de la "Ley Divina de la Creación", dio a los seres humanos el don divino última que es "la libertad de elección" y la libertad de decidir qué camino debemos tomar en esta vida. Este importante concepto es uno de los siete principios las leyes Universal de Quimbanda.

En la tradición de Quimbanda no existe el "bien" ni el "mal." Hay consecuencias que resultan solamente a causa de nuestras decisiones.

Los espíritus y las deidades de Quimbanda fueron colocados aquí por Nzambi para ayudar a la humanidad con las decisiones que elegimos y espiritualmente para ayudarnos en la manifestación de nuestros deseos. Es por eso que la tradición de Quimbanda se centra en la veneración de la deidad espiritual conocido como Exu Rei. Exu Rei es el Mensajero Divino de las encrucijadas en la vida.

Cuando nos decidimos a tomar una decisión, Exu Rei siempre está ahí recordándonos que habrá consecuencias de nuestras acciones, porque tenemos "libertad de elección". Las encrucijadas de la vida representan muchas de las consecuencias o los caminos que se cruzan en nuestro camino, porque de nuestras elecciones y porque tenemos "libertad de elección". Los iniciados de la tradición de Quimbanda creen que el concepto espiritual de la "libertad de elección" es un "privilegio divino" otorgado a la humanidad por Nzambi. "La libertad de elección" no es un derecho, sino que es un don de Dios.

## EL PRIMER REINO MAYOR DE QUIMBANDA

Gobernado por la deidad, EXU MAIORAL - Gobierna el Mundo Astral, el Arcángel Metatrón, los Siete Arcángeles (Arcángel Miguel, el Arcángel Rafael, Arcángel Gabriel, Arcángel Uriel, Arcángel Anael, Zerachiel Arcángel, el Arcángel Raziel) y los espíritus astrales de los Cosmos .

## LOS 72 ESPIRITUS EXUS DEL ASTRAL

Exu Bael, Exu Agares, Exu Vassago, Exu Samigina, Exu Marbas, Exu Valefor, Exu Amon, Exu Barbatos, Exu Paimon, Exu Buer, Exu Gusion, Exu Sitri, Exu Beleth, Exu Leraje, Exu Eligos, Exu Zepar, Exu Botis, Exu Bathin, Exu Sallos, Exu Purson, Exu Marax, Exu Ipos, Exu Aim, Exu Naberius, Exu Glasya-Labolas, Exu Bune, Exu Ronove, Exu Berith, Exu Astaroth, Exu Forneus, Exu Foras, Exu Asmoday, Exu Gaap, Exu Furfur, Exu Marchosias, Exu Stolas, Exu Phenex, Exu Halphas, Exu Malphas, Exu Raum, Exu Focalor, Exu Vepar, Exu Sabnock, Exu Shax, Exu Vine, Exu Bifrons, Exu Uvall, Exu Haagenti, Exu Crocell, Exu Furcas, Exu Balam, Exu Alloces, Exu Camio, Exu Murmur, Exu Orobas, Exu Gremory, Exu Ose, Exu Amy, Exu Oriax, Exu Vapula, Exu Zagan, Exu Volac, Exu Andras, Exu Haures, Exu Andrealphus, Exu Cimejes, Exu Amdusias, Exu Belial, Exu Decarabia, Exu Seere, Exu Dantalion, Exu Andromalius

## EL SEGUNDO REINO MAYOR DE QUIMBANDA

Gobernado por la deidad, EXU REI - gobierna la tierra y el inframundo con María Padilla Reina. Exu se manifiesta y abarca la sexualidad masculina, la fertilidad y la fuerza. La deidad de las encrucijadas y el emperador de las Constelaciones.

## EL TERCER REINO MAYOR DE QUIMBANDA

Gobernado por la deidad, MARIA PADILLA REINA (Pomba Gira) - Gobierna sobre las emociones y deseos humanos con Exu Rei. Pomba Gira es considerada como la consorte de Exu Rei. Pomba Gira representa la belleza femenina, la sexualidad y el deseo. Pomba Gira es considerada como una hermosa mujer que es insaciable. Ella es venerada con gran respeto y con cuidado, ya que sus fieles reconocen que su rabia puede ser firme y fuerte. Pomba Gira es invocada por aquellos que buscan ayuda en los asuntos del corazón y el amor. La deidad de las encrucijadas, T-Carreteras y la emperatriz de los siete planetas. En el Tercer Reino Mayor de Quimbanda también hay muchos caminos del espíritu femenino conocido como Pomba Gira, que también se puede manifestar dentro de los reinos de los siete reinos menores de Quimbanda.

## EL CUARTO REINO MAYOR DE QUIMBANDA

Gobernado por los espíritus AJE - Los cuatro (4) elementos (aire, fuego, tierra, y agua) y el quinto (5) Elemento de vacío (el Espíritu). El Cuarto Reino Mayor de Quimbanda también está gobernado por Iyami Oxorongá, una bruja de gran alcance y los espíritus Aje. Los espíritus del Aje son las hijas de Iyami Oxorongá. Los espíritus Aje son invisibles que coexisten con los seres humanos aquí en la Tierra. Se cree que los espíritus Aje son "brujas" poderosas que controlan todos los aspectos del destino humano incluyendo cosas como la felicidad, riqueza, amor, salud y relaciones personales. También se cree que si un individuo no hace la paz espiritual y la tregua con los espíritus Aje que pueden causar un gran daño y provocar una gran tragedia para todos los seres humanos. Los espíritus Aje estaban aquí antes que el primer hombre y la mujer. Desde el momento en que el hombre y la mujer apareció por primera vez aquí en la Tierra, los espíritus Aje han estado en la competencia espiritual con los seres humanos, e históricamente han tratado de eliminar toda forma de vida de la humanidad a través de actos tan negativos como el hambre, la enfermedad y hasta catástrofes y desastres naturales tales como inundaciones, tornados y terremotos.

## EL QUINTO REINO MAYOR DE QUIMBANDA

Gobernado por los espíritus Eggun - (ancestros) y Guías Espirituales (Preto Velhos)

Los espíritus Eggun son nuestros ancestros relacionados con la sangre. Los practicantes de la tradición de Quimbanda veneran a los antepasados. La veneración de los espíritus de los antepasados no es una religión en sí misma, sino una faceta de la expresión religiosa de Quimbanda que reconoce un elemento fuera del control humano. Esta forma de veneración está en el centro de todas las prácticas afro-brasileñas. La base de veneración de los antepasado parece surgir a partir de dos ideas: (1) "aquellos que nos han precedido" tienen un interés continuo y benéfico en los asuntos de los vivos y la otra (2) más generalizada, intranquilidad, miedo a la muertos, con las prácticas de aplacarlos. Los espíritus Eggun son una parte del panteón de Quimbanda. En el Congo africano que se conoce como el Egungun. El Egungun representa el "espíritu colectivo" de los antepasados. Través de la veneración de los antepasados, aseguran un lugar para los muertos entre los vivos. Es su responsabilidad de obligar a los vivos a mantener las normas éticas de las generaciones pasadas.

Los espíritus de los "Preto Velhos" (los Viejos Negros) son espíritus que representan a los ancianos de los primeros esclavos africanos para trabajar en las plantaciones de caña de azúcar y el café de Brasil. Estos espíritus se cree que están aquí para ayudar a los seguidores de la tradición de Quimbanda con cosas tales como la protección espiritual y la sanación. Estos espíritus también son venerados como guías espirituales de gran alcance para los profesionales de las tradiciones afro-brasileñas.

## EL SEXTO REINO MAYOR DE QUIMBANDA

Gobernado por los Espíritus CONGO (nkisi) - gobiernan el mundo físico de la humanidad y el mundo espiritual de los muertos. También hay que señalar que los espíritus nkisi de las prácticas Afro-Caribeña Congo religiosa de Palo Mayombe, Palo Monte y Kimbisa se encuentran en el Sexto Reino Mayor. Esta información es importante porque hay muchos iniciados a partir de estas religiones afro-caribeña que actualmente se están iniciados en los misterios de los afro-brasileños de Quimbanda. Estos espíritus que se encuentran en el Caribe son: Kobayende - El rey de los dioses muertos y las enfermedades. Centella Ndoki - Guardián entre la vida y la muerte. Gurunfinda - Dios de los bosques y las hierbas. Nkuyu - Deidad de los bosques y caminos, la orientación y el equilibrio. Madre de Agua - Diosa del agua y la fertilidad. Mama Sholan Guengue - diosa de la riqueza y los placeres. Tiempo Viejo- dios de la adivinación y los vientos. Cabo Rondo - Dios de la búsqueda y la guerra. Siete Rayos - Dios del trueno y el fuego. Tiembla Tierra - Espíritu de sabiduría y justicia. Zarabanda - Deidad de trabajo y la fuerza. La Iglesia Candomblé de América también alberga los misterios espirituales de la tradición religiosa afro-caribeña de Palo Mayombe. Miembros de la Iglesia Candomblé de América se les da la oportunidad de iniciar también en los misterios de Afro-Caribe Congo como parte de su experiencia educativa religiosa y son capaces de recibir los misterios de los espíritus Nkisi (tradicional Palo Mayombe ngangas) de Palo Mayombe. Aunque las dos creencias religiosas son muy diferentes, ambos comparten las mismas raíces del Congo e historia. También hay que señalar que cada uno de los espíritus Nkisi tienen un camino espiritual de exu (Lucero). Los espíritus Exu (Lucero) que se encuentran dentro de las tradiciones religiosas están sometidas a los espíritus Nkisi que rigen en el Sexto Reino Mayor de Quimbanda. También hay que señalar que los practicantes de Quimbanda sólo veneran a los espíritus Nkisi mientras que muchas veces los practicantes de la religiones como Palo Mayombe, Palo Monte y Kimbisa adoran a los espíritus Nkisi como dioses. Este es sólo un ejemplo de la diferencia entre las dos religiones del Congo.

Estos son los Nkisis reconocidos en la Iglesia Candomblé de América en la línea de los espíritus de Quimbanda;

Aluvaiá - intermediario entre los humanos y los otros nkisis

Nkosi Mukumbe (Roxi Mukumbe) - Nkisi de la guerra y las carreteras.

Mutalambô (Kabila, Lambaranguange) - Cazador, vive en bosques y montañas: deidad de la abundancia de alimentos.

Gongobira - joven cazador y pescador.

Katende - Conoce los secretos de las hierbas medicinales.

Zaze (Loango) - Ofrece la justicia a los seres humanos.

Kaviungo (Kavungo, Kafungê, Kingongo) - Dios de la salud y la muerte.

Angorô (forma masculina) y Angoroméa (hembra) - Ayuda a la comunicación entre los seres humanos y las deidades.

Kitembo (Tempo) - Deidad de tiempo y las estaciones.

Matamba (Bamburussenda, Nunvurucemavula): guerrera, comanda a los muertos.de los muertos.

Kisimbi (Samba)- La gran madre, la deidad de la fertilidad, de lagos y ríos.

Kaitumbá (Mikaiá, Kokueto) - Diosa del mar.

Karunga Njambi - vive en el fondo del océano.

Zumbarandá - El mayor de los dioses, conectado a la muerte.

Wunje - El más joven de los Nkisis, representa la felicidad de la juventud.

Lemba Dile (Lembarenganga, Jakatamba, Kassuté Lemba, Gangaiobanda) - Conectado a la creación del mundo.

Los misterios de los Orixás del candomblé De (candomblé de Angola), también se encuentran dentro el Sexto Reino Mayor de Quimbanda. En la tradición religiosa de Candomblé , los orixás también son considerados espíritus Nkisi. Esta es la principal diferencia entre la Santería y el Candomblé Del Congo.

## EL SEPTIMO REINO MAYOR DE QUIMBANDA

Gobernado por los Caboclos - Los Guardianes de la Tierra que rigen sobre las acciones de la humanidad.

Los espíritus de los "caboclos" (indios) son espíritus que representan a los pueblos originarios indígenas que los primeros esclavos africanos encontraron cuando llegaron a Brasil. Estos espíritus se cree que ayudan a los seguidores de la tradición de Quimbanda con cosas como la protección espiritual y la sanación. Estas entidades también son venerados como guías espirituales por los practicantes de las tradiciones afro-brasileñas. La Iglesia Candomblé de América ha ampliado este significado religioso y ahora incluye a los espíritus de los indios americanos de Estados Unidos.

## INTRODUCCION A LOS HECHIZOS

La mejor parte de haciendo hechizos mágicos y rituales de Quimbanda es que trabajan muy rápido. Todos los hechizos y rituales en este libro son reales y auténticos. Yo personalmente he utilizado todos los rituales en los últimos años en mi práctica espiritual de Quimbanda con mucho éxito. Todos los siguientes hechizos y rituales en este libro, deben seguirse exactamente como se presentan en este libro, si quieres ver resultados rápidos y éxito.

Para que te des cuenta de los resultados de trabajando con los Siete Reinos Menores de Exu es importante que se familiarice con cada uno de los reyes y reinas que gobiernan ese reino y conocer todos y cada uno de los nueve espíritus de Exu que se encuentran en ese reino.

Hay diez (10) conceptos espirituales que debe seguir y tener en cuenta cuando se trabaja con cualquiera de los espíritus de los Siete Reinos Menores de Exu Rei y María Padilla Reina Pomba Gira.

Si usted sigue estos diez (10) conceptos espirituales como las presento, usted a fin verá el ritual con éxito y los resultados mágicos que usted desea. Recuerde que parte de la realización de los hechizos exige que el individuo debe acercarse a los espíritus con la mente estable, limpia, clara y estar centrado en el resultado deseado. La fórmula siguiente se puede utilizar para invocar y convocar a cada uno de los espíritus de los Reinos Menores de Exú y Pomba Gira dependiendo en lo que su deseo es. Antes de comenzar cualquier tipo de trabajo espiritual, es importante conocer las características y rasgos de cada uno de los Exus y las Pomba Giras de cada uno de los Siete Reinos Menores.

## INTRODUCCIÓN A LOS RITUALES DE QUIMBANDA

Las ofrendas espirituales y rituales sagrados de la tradición brasileña de Quimbanda son conocidos por sus resultados rápidos. Ofrendas espirituales y rituales se conocen en la lengua portuguesa como "trabalhos" o en el idioma Inglés como "obras". Ofrendas espirituales también son conocidas en la lengua africana como "Ebo". Debido a la riqueza histórica de la religión de Quimbanda, los iniciados de este sistema mágico se basan en la energía que se encuentra en la naturaleza, así como los poderes de los espíritus y las deidades del panteón de Quimbanda. Los rituales de Quimbanda son generalmente dedicados a uno o más espíritus. Los rituales normalmente consisten en la elaboración una firma de un espíritu en el suelo en el lugar sagrado donde la ofrenda se deja. El local de la ofrenda será determinado por el tipo de Ebo y el espíritu que se invoca. Se cree que cada lugar tiene un conjunto específico de las entidades espirituales que gobiernan ese lugar. Un ebo de Quimbanda sería hecho en la encrucijada al convocar el espíritu de Exu Tranca Ruas para cerrar los caminos de tus enemigos. El ebo se compone de velas, cigarros, cigarrillos, una ofrenda, una ofrenda de licor y otros elementos que son sagrados para el espíritu que se invoca para hacer el trabajo espiritual. La mayoría de los ebo's de Quimbanda se realizan durante las horas de la noche, porque se cree que los espíritus se manifiestan aquí en la tierra durante esas horas. Después de que el ebo se ha llevado al lugar deseado, el practicante recita una oración a los espíritus haciendo una petición espiritual. Rituales como los de limpieza son hechos en lugares específicos dependiendo de la intención deseada de la persona. Los rituales de purificación generalmente implican a la persona que haga baños de hierbas espirituales conocidos como "amaci" y muchas veces en el santuario de un espíritu o deidad particular, en el Terreiro de Quimbanda, Tenda o Munanzo. La palabra, Terreiro en la lengua portuguesa se refiere a un templo tradicional y la palabra, Munanzo es una palabra del Congo que se refiere a una casa de adoración.

El sacerdote o practicante que realiza estos rituales de ebo's y se llama "Quimbandeiro". La palabra Quimbandeiro significa "curandero" o "chamán". La religión de Quimbanda cree en la comunicación espiritual, muchas veces es una persona que busca consejo espiritual visitará a un Quimbandeiro para descubrir las respuestas de sus preguntas. Esto se realiza generalmente en un sistema de adivinación conocida como "Buzios". Los Buzios es un sistema de adivinación que utiliza un conjunto de 16 caracoles para consultar con los espíritus de Quimbanda. Este método de adivinación es también conocido como el "chamalango". Un individuo también puede consultar a un médium espiritual que puede incorporar un espíritu guía específica o el espíritu de Quimbanda para recibir los recursos espiritual y las soluciones para sus problemas. El proceso espiritual por el cual un individuo se convierte en medio poseído por los espíritus se conoce como "la incorporación del espíritu". Los espíritus y las deidades del panteón de Quimbanda se dividen en siete categorías. Estas siete categorías que se conoce como LOS SIETE REINOS MAYORES DE QUIMBANDA y LOS SIETE REINOS MENORES DE QUIMBANDA. Cada uno de los siete reinos de Quimbanda es gobernado por un conjunto específico de deidades y espíritus. Cada uno de los siete reinos de Quimbanda se asocia con un lugar específico, como las encrucijadas de caminos, cementerio, océanos, bosques, montañas y las iglesias. La Trinidad de Quimbanda está compuesta de tres deidades, Exu Maioral, Rei Exu y María Padilla Reina. En conjunto, estas tres fuerzas espirituales poderosos gobiernan los cosmos y la Tierra de Nzambi. Es por eso que los iniciados de la religión de Quimbanda veneran estas tres deidades. La veneración de la Trinidad de Quimbanda es una creencia espiritual de nuestra fe. Practicantes religiosos de Quimbanda creen que las deidades del panteón de Quimbanda fueron colocados allí por Nzambi para vigilar el Universo y las acciones de la humanidad.

LOS SIETE REINOS MENORES DE QUIMBANDA son gobernados por la deidad Exu Reí y la deidad María Padilla Reina. La deidad María Padilla Reina es también conocida como Pomba Gira por los iniciados de la fe de Quimbanda. La deidad Exu Reí y la deidad María Padilla Reina se cree que tienen siete diferentes caminos espirituales, que se dividen entre los SIETE REINOS MENORES DE QUIMBANDA. Cada uno de los SIETE REINOS MENORES DE QUIMBANDA se rige por un camino distinto espiritual de Exu Rei y María Padilla Reina. Dentro de cada una de LOS SIETE REINOS MENORES DE QUIMBANDA, hay 9 Espíritus Guardianes de Exu y Pombagira que están asociados con una tarea específica para ayudar espiritualmente a la humanidad. Estos espíritus de Exu y Pombagira operan bajo el mando directo del Rey (EXU) y Reina (MARIA PADILLA) que rigen un Reino de Quimbanda. Aunque existen muchos diferentes Exus y Pombagiras representados en los SIETE REINOS MENORES DE QUIMBANDA, se cree que existen sólo 121 Exus y 121 Pombagiras. Esta creencia no es compartida por todos los templos de Quimbanda y en algunos templos podría haber cientos.

## LOS SIETE REINOS MENORES DE QUIMBANDA

Los siguientes son las características y los espíritus asociados con cada uno de los Siete Reinos Menores de Quimbanda. En la religión de Quimbanda, Exú es representado por la fuerza masculina y Pomba Gira está representado por la fuerza femenina. En conjunto, estas dos fuerzas espirituales son inseparables y constituyen el equilibrio de mente, cuerpo, espíritu y alma.

**El Primer Reino Menor de Quimbanda** del Espíritu Exu es conocido como El **Reino de las Encrucijadas** (Reino Das Encruzilhadas**).** Este reino es gobernado y regido por Exu Rei Das Encruzilhadas y Pomba Gira Das Encruzilhadas. El primer reino de Quimbanda representa las energías y fuerzas espirituales que se encuentran en las encrucijadas. Los nueve Guardianes del primer reino de Quimbanda son; *Exu Tranca Ruas, Exu Sete Encruzilhadas, Exu Das Almas, Exu Marabo, Exu Tiriri, Exu Veludo, Exu Morcego, Exu Sete Gargalhadas* and *Exu Mirim.*

**El Segundo Reino Menor de Quimbanda** del Espíritu Exu es conocido como El **Reino de las Cruces** (Reino Dos 7 Cruzeiros**).** Este reino es gobernado y regido por Exu Rei Dos 7 Cruzeiros y Pomba Gira Dos 7 Cruzeiros. El segundo reino de Quimbanda representa las energías y fuerzas espirituales que se encuentran en las Cruces. Los nueve Guardianes del segundo reino de Quimbanda son; *Exu Tranca Tudo, Exu Kirombo, Exu Sete Cruzeiros, Exu Mangueira, Exu Kaminaloa, Exu Sete Cruzes, Exu 7 Portas, Exu Meia Noite* and *Exu Kalunga*.

**El Tercer Reino Menor de Quimbanda** del Espíritu Exu es conocido como El **Reino del Bosque y las Montanas** (Reino Das Matas**).** Este reino es gobernado y regido por Exu Rei Das Matas y Pomba Gira Das Matas. El tercer reino de Quimbanda representa las energías y fuerzas espirituales que se encuentran en los bosques y las montanas. Los nueve Guardianes del tercer reino de Quimbanda son; *Exu Quebra Galho, Exu Das Sombras, Exu Das Matas, Exu Das Campinas, Exu Da Serra Negra, Exu Sete Pedras, Exu Sete Cobras, Exu Do Cheiro* and *Exu Arranca Toco*.

**El Cuarto Reino Menor de Quimbanda** del Espíritu Exu es conocido como El **Reino del Cementerio** (Reino Da Kalunga**).** Este reino es gobernado y regido por Exu Rei Da Kalunga y Pomba Da Kalunga. El cuarto reino de Quimbanda representa las energías y fuerzas espirituales que se encuentran en el cementerio. Los nueve Guardianes del cuarto reino de Quimbanda son; *Exu Porteira, Exu Sete Tumbas, Exu Sete Catacumbas, Exu Da Brasa, Exu Caveira, Exu Kalunga Pequena, Exu Corcunda, Exu Sete Cova* and *Exu Capa Preta*.

**El Quinto Reino Menor de Quimbanda** del Espíritu Exu es conocido como El **Reino de las Almas** (Reino Das Almas**).** Este reino es gobernado y regido por Exu Rei Das Almas y Pomba Das Almas .El quinto reino de Quimbanda representa las energías y fuerzas espirituales que se encuentran dentro los misterios del mundo de los muertos (Inframundo).Los nueve Guardianes del quinto reino de Quimbanda son; *Exu Sete Lombas, Exu Pemba, Exu Maraba, Exu Curado, Exu Nove Luzes, Exu 7 Montanhas, Exu Tata Caveira, Exu Gira Mundo* and *Exu 7 Poeiras*.

**El Sexto Reino Menor de Quimbanda** del Espíritu Exu es conocido como El **Reino de las Liras** (Reino Das Liras**).** Este reino es gobernado y regido por Exu Rei Das Liras y Pomba Das Liras. El Sexto reino de Quimbanda representa las energías y fuerzas espirituales que se encuentran dentro la sexualidad humana y los placeres físicos. Los nueve Guardianes del Sexto reino de Quimbanda son; *Exu Dos Infernos, Exu Dos Cabares , Exu Sete Liras, Exu Cigano, Exu Ze Pelintra, Exu Pagao, Exu Da Ganga, Exu Male* and *Exu Chama Dinheiro*.

**El Septimo Reino Menor de Quimbanda** del Espíritu Exu es conocido como El **Reino de la Playa** (Reino Das 7 Praias**).** Este reino es gobernado y regido por Exu Rei Das 7 Praias y Pomba Das 7 Praias. El septimo reino de Quimbanda representa las energías y fuerzas espirituales que se encuentran en el mar. Los nueve Guardianes del septimo reino de Quimbanda son; *Exu Dos Rios, Exu Das Cachoeiras, Exu Da Pedra Preta, Exu Marinheiro, Exu Do Lodo, Exu Mare, Exu Bahiano, Exu Dos Ventos* and *Exu Do Coco*.

## HECHIZOS DE LOS SIETE REINOS MENORES DE QUIMBANDA

Sabiendo los espíritus de los Siete Reinos Menores de Quimbanda y entendiendo el significado de cada uno y cómo funcionan sus elementos claves en la práctica de Quimbanda, para ver resultados rápidos en sus hechizos y rituales. Lo siguiente es una explicación sencilla del significado de los siete reinos menores de Quimbanda y cómo funcionan.

Hechizos y rituales del **Primer Reino Menor de Quimbanda** representan las encrucijadas de la vida y todo lo relacionado con el cambio. Las solicitudes espirituales del Primer Reino Menor de Quimbanda pueden ser para bien o para mal. Un ejemplo de esto sería una persona que ha sido hechizado o ha tenido una larga historia de mala suerte y desgracia. Puede pedirse a los espíritus del Primer Reino Menor de Quimbanda para abrir los caminos y para cambiar la suerte de un individuo. Normalmente, los hechizos y rituales de este reino son hechos y realizado en las encrucijadas.

Hechizos y rituales del **Segundo Reino Menor de Quimbanda** representan las cruces de la vida y todo lo relacionado con el intercambio de conocimientos y nuestras opiniones. Las entidades espirituales de este reino pueden causar y evitar accidentes, conflictos o traen la calma entre personas, pueden causar la ruina y traer tragedias a individuales. Las solicitudes espirituales del Segundo Reino Menor de Quimbanda pueden ser para bien o para mal. Un ejemplo de esto sería una persona que ha sido injustamente acusado o atacado espiritualmente. Puede pedirle a los espíritus del Segundo Reino Menor de Quimbanda para revertir cualquier y todo tipo de magia negra y enviarlo de vuelta a un enemigo. Normalmente, los hechizos y rituales de este reino se hacen en cruces de calles.

Hechizos y rituales del **Tercer Reino Menor de Quimbanda** representa el crecimiento físico y espiritual, la curación y los asuntos legales. Las solicitudes espirituales del Tercer Reino Menor de Quimbanda pueden ser para bien o para mal. Un ejemplo de esto sería una persona que está en una batalla legal. Puede pedirle a los espíritus del Tercer Reino Menor de Quimbanda para darle al individuo una victoria legal en un juicio pendiente o asunto legal. Normalmente, los hechizos y rituales de este reino se hacen en los bosques o montañas.

Hechizos y rituales del **Cuarto Reino Menor de Quimbanda** representan el bienestar emocional y espiritual de los individuos. Las solicitudes espirituales del Cuarto Reino Menor de Quimbanda pueden ser para bien o para mal. Un ejemplo de esto sería una persona que tiene constante depresión, enfermedad o que ha sido hechizado para sentirse suicida. Puede pedirle a los espíritus del Cuarto Reino Menor de Quimbanda para desterrar vibraciones negativas. Normalmente, los hechizos y rituales de este reino se hacen en el cementerio.

Hechizos y rituales del **Quinto Reino Menor de Quimbanda** representan las emociones físicas y espirituales del mundo de los vivos y los muertos. Las solicitudes espirituales del Quinto Reino Menor de Quimbanda pueden ser para bien o para mal. Un ejemplo de esto sería un individuo que ha perdido recientemente a un ser querido. Puede pedirle a los espíritus del Quinto Reino Menor de Quimbanda para asegurarse de que su alma se cruza en el mundo de los espíritus. También puede pedirle a los espíritus Reino para curar a una persona de todo tipo de enfermedad espiritual.

Normalmente, los hechizos y rituales de este reino se hacen en lugares como las montañas, hospitales, iglesias y funerarias.

Hechizos y rituales del **Sexto Reino Menor de Quimbanda** representan el material y los placeres de la vida erótica. Las solicitudes espirituales del Sexto Reino Menor de Quimbanda pueden ser para bien o para mal. Un ejemplo de esto sería una persona que le gusta jugar. También puede pedirle a los espíritus del Sexto Reino Menor de Quimbanda para lograr el éxito en todos los juegos de suerte. También puede pedirle a los espíritus del Sexto Reino Menor de Quimbanda en todos los asuntos de lujuria y la seducción. Normalmente, los hechizos y rituales de este reino se hacen en las entradas de los bancos, casinos, bares y burdeles.

Hechizos y rituales del **Séptimo Reino Menor de Quimbanda** representan los momentos emocionales, espirituales y momentos de la subida y bajada de la vida. Las solicitudes espirituales del Séptimo Reino Menor de Quimbanda pueden ser para bien o para mal. Un ejemplo de esto sería una persona que desea casarse. Los espíritus del Séptimo Reino Menor de Quimbanda para atraer a un compañero de matrimonio. También puede pedirle a los espíritus para purificación espiritual. Normalmente, los hechizos y rituales de este reino se hacen en la playa.

## COMO HACER HECHIZOS CON EXITO

1. Familiarícese con el Reino Menor de Exu que usted va a trabajar y con todos los espíritus de Exu guardianes de ese reino. Al familiarizarse con los Reinos Menores usted será capaz de decidir por sí mismo si está en el lugar correcto para el tipo de hechizo que usted desea.

2. Decida si va a utilizar la firma espíritu de la Cruz de Quimbanda para realizar su hechizo o si va a utilizar una firma de un espíritu de Exu o Pomba Gira. Si va a utilizar la firma espíritu general de la Cruz de Quimbanda entonces sólo necesita usar tres veladoras. Los colores son Rojo, Negro y Blanco. Si va a usar la firma de un espíritu lo que tendrá que decidir es el color de la vela que se pondrá por encima de la firma del espíritu.

3. Dibuje la firma del espíritu que va a invocar durante el ritual directamente en el exterior de la vela. Si usted va a utilizar una vela encerrada en vidrio religioso entonces se puede dibujar la firma del espíritu con un marcador permanente de tinta negra. Si va dibujar la firma del espíritu en el exterior de la veladora tiene la opción de esculpir sus deseos. También puede hacer lo mismo con el marcador permanente y con la veladora de vidrio.

4. Prepare la vela con los aceites adecuados para aumentar el poder del hechizo. Las velas se pueden preparar con uno o más aceites diferentes al mismo tiempo y se puede aplicar directamente sobre las velas para lograr mejores resultados espirituales.

5. Encienda el incienso apropiado durante el ritual para obtener un mejor ritual.

6. Suene una campana durante el ritual para invitar a los espiritus de Quimbanda al ritual.

7. Al final de cada ritual, medita en sus deseos por 20 a 30 minutos.

8. Los rituales se deben hacer por una serie de días consecutivos. Normalmente se hacen en tres días consecutivos, siete días consecutivos o nueve días consecutivos, dependiendo en lo que su deseo es y cuál es su intención espiritual.

9. Siempre debe hacer un baño espiritual antes de comenzar un ritual y también debe limpiarse en el último día del ritual con jabón africano negro o con un baño espiritual.

10. Recuerde, la magia de Quimbanda es muy fuerte y poderosa, pero usted puede ser creativo con su ritual sin tener el miedo de las consecuencias espirituales.

## RITUAL USANDO LA CRUZ DE QUIMBANDA

La firma de la Cruz de Quimbanda se puede utilizar para invocar a cualquiera de los espíritus y las deidades de los Siete Reinos Mayores de Quimbanda y también para los Siete Reinos Menores de Quimbanda.

Dibuja la Cruz de Quimbanda con tiza blanca sobre el piso de cemento. También puede dibujar la firma de la Cruz de Quimbanda con un marcador permanente de tinta negra en un plato blanco.

Después de dibujar la firma de la Cruz de Quimbanda entonces coloque una vela roja, una vela negro y una vela blanca directamente en el centro de la firma y prenda las velas en ese orden.

Recuerde que las velas deben ser talladas con las firmas del espíritu y después ser preparadas con aceites ocultas antes de encenderlas.

No se olvide de utilizar el incienso apropiado para su ritual.

## RITUAL USANDO LA FIRMA DE UN EXU

Dibuje la firma del espíritu Exu o Pomba Gira que usted va trabajar.

La firma del espíritu puede ser dibujada con tiza blanca sobre el piso de cemento. También puede dibujar la firma del espíritu del Exu o Pomba Gira con un marcador permanente de tinta negra en un plato blanco.

Después de dibujar la firma entonces coloque la vela directamente en el centro de la firma del espíritu.

Recuerde que las velas deben ser talladas con las firmas del espíritu y después ser preparadas con aceites antes de encenderlas.

El color de la vela depende en el tipo de hechizo que va a realizar. Si va a embrujar alguien, entonces use una vela negra. Recuerde que las velas negras también pueden ser utilizadas para desterrar vibraciones negativas, por favor tomé el tiempo para revisar la carta de colores, antes de embarcarse en el mundo de hechizos y rituales. Hay muchas variaciones de colores que se pueden utilizar para conseguir el resultado deseado.

## RITUAL DEL PRIMER REINO MENOR DE QUIMBANDA

Mientras enciende las velas recita esta oración:

EN EL NOMBRE DE NZAMBI, EL DIOS DE LOS CIELOS Y LA TIERRA – SARAVA

EN EL NOMBRE DE EXU MAIORAL - SARAVA

EN EL NOMBRE DE EXU REI - SARAVA

EN EL NOMBRE DE MARIA PADILLA REINA – SARAVA

EN EL NOMBRE DE LA TRINIDAD DE QUIMBANDA– SARAVA

YO, *diga su nombre completo*, INVOCO AL REY DIVINO, **EXU REI DA KALUNGA Y A LA REINA, POMBA GIRA DA KALUNGA** DEL CUARTO REINO MENOR DE QUIMBANDA PARA QUE LE DEN VIDA A ESTE RITUAL SAGRADO.

YO, *diga su nombre completo*, INVOCO A LOS ESPIRITUS GUARDIANES DEL CUARTO REINO MENOR DE QUIMBANDA PARA QUE LE DEN VIDA A ESTE RITUAL SAGRADO.

LE PIDO A LOS ESPIRITUS GLORIOSOS DE QUIMBANDA QUE ME PROTEGEN ALREDEDOR DE MI CUERPO CON LA LUZ DIVINA Y EL AREA DE ESTE RITUAL PARA QUE MIS ENEMIGOS CONOCIDOS Y DESCONOCIDOS NO VEAN NI OIGAN LO QUE VA A PASAR EN ESTE RITUAL.

YO INVOCO TU ESPIRITU AQUI DE LAS CUATRO ESQUINAS, DE LA TIERRA, DE ARRIBA Y DE ABAJO.

**REY, EXU REI DA KALUNGA Y REINA, POMBA GIRA DA KALUNGA**, GUARDIAN DE LOS SECRETOS DEL CEMENTERIO, YO TOCO SU PUERTA SAGRADA PARA ABRIR LAS PUERTAS DE

LOS SIETE REINOS MENORES DE QUIMBANDA PARA QUE CONCEDER MI PETICION. - SARAVA

POR EL PODER DE LOS NOMBRES SAGRADOS DE LOS ESPIRITUS GUARDIANES DE EXU: ***Exu Porteira, Exu Sete Tumbas, Exu Sete Catacumbas, Exu Da Brasa, Exu Caveira, Exu Kalunga Pequena, Exu Corcunda, Exu Sete Cova y Exu Capa Preta***, YO LOS INVOCO AQUI PARA QUE ME DEN LUZ EN LA OSCURIDAD. - SARAVA

POR EL PODER DE SU LEGION DE LOS NUEVE ESPIRITUS SAGRADOS, YO CONVOCO A: ***Exu Porteira, Exu Sete Tumbas, Exu Sete Catacumbas, Exu Da Brasa, Exu Caveira, Exu Kalunga Pequena, Exu Corcunda, Exu Sete Cova y Exu Capa Preta***, - SARAVA

ESPIRITU PODEROSO, *diga el nombre del espíritu de Quimbanda que usted está invocando*, TU ERES EL GUARDIAN DE LOS MISTERIOS DEL CEMENTERIO Y YO PIDO QUE, *diga aquí lo que usted está solicitando espiritualmente.*

ESPIRITU PODEROSO, *diga el nombre del espíritu de Quimbanda que usted está invocando*, COMO EL DIA SE CONVIERTE EN NOCHE Y COMO LA NOCHE SE CONVIERTE EN DIA, ASI MI PETICIO SERA CONCEDIDA EN EL NOMBRE DE LA TRINIDAD DE QUIMBANDA. - SARAVA

ESPIRITU PODEROSO, **REY, EXU REI DA KALUNGA Y REINA, POMBA GIRA DA KALUNGA,** ERES TÚ QUIEN CUMPLIRA EL MUNDO A LAS 12 DE LA NOCHE EN EL REINO DEL CEMENTERIO.- SARAVA

ESPIRITU PODEROSO, **REY, EXU REI DA KALUNGA Y REINA, POMBA GIRA DA KALUNGA**, ERES TÚ QUIEN GUARDIA LA

PUERTA DE LOS MUERTOS EN EL REINO DEL CEMENTERIO.- SARAVA

ESPIRITU PODEROSO, **REY, EXU REI DA KALUNGA Y REINA, POMBA GIRA DA KALUNGA,** ERES TÚ QUIEN ENCIENDE EL FUEGO DEL INFIERNO EN EL REINO DEL CEMENTERIO.- SARAVA

ESPIRITU PODEROSO, **REY, EXU REI DA KALUNGA Y REINA, POMBA GIRA DA KALUNGA,** ERES TÚ QUIEN CUMPLIRA EL DIA A NOCHE EN EL REINO DEL CEMENTERIO.- SARAVA

ESPIRITU PODEROSO, **REY, EXU REI DA KALUNGA Y REINA, POMBA GIRA DA KALUNGA,** ERES TÚ QUIEN SE PARA FRENTA EN LA PUERTA DE LOS VIVOS Y MUERTOS EN EL REINO DEL CEMENTERIO.- SARAVA

ESPIRITU PODEROSO, **REY, EXU REI DA KALUNGA Y REINA, POMBA GIRA DA KALUNGA,** ERES TÚ QUIEN SOSTIENE LA LLAVE AL MUNDO DE LOS MISTERIOS PROHIBIDOS EN EL REINO DEL CEMENTERIO SARAVA

ESPIRITU PODEROSO, **REY, EXU REI DA KALUNGA Y REINA, POMBA GIRA DA KALUNGA,** ERES TÚ QUIEN GANA LA BATALLA A LAS 12 DE LA NOCHE EN EL REINO DEL CEMENTERIO.- SARAVA

ESPIRITU PODEROSO, **REY, EXU REI DA KALUNGA Y REINA, POMBA GIRA DA KALUNGA,** ERES TÚ QUIEN CONQUISTA Y TRIUNFA SOBRE MIS ENEMIGOS.- SARAVA

ESPIRITU PODEROSO, **REY, EXU REI DA KALUNGA Y REINA, POMBA GIRA DA KALUNGA,** CONCEDER MI PETICION EN ESTA NOCHE SAGRADA.- SARAVA

ESPIRITU PODEROSO, *diga el nombre del espíritu de Quimbanda que usted está invocando*, CONCEDER MI PETICION EN ESTA NOCHE SAGRADA.- SARAVA

EN EL NOMBRE DE NZAMBI, EL DIOS DE LOS CIELOS Y LA TIERRA – SARAVA

EN EL NOMBRE DE EXU MAIORAL - SARAVA

EN EL NOMBRE DE EXU REI - SARAVA

EN EL NOMBRE DE MARIA PADILLA REINA – SARAVA

EN EL NOMBRE DE LA TRINIDAD DE QUIMBANDA– SARAVA

## *EL CUARTO REINO MENOR*

## REINO DEL CEMENTERIO (REINO DA KALUNGA)

Deidad Gobernante: **REY, EXU REI DA KALUNGA**

Deidad Gobernante: **REINA, *POMBA GIRA REINA* DA KALUNGA**

***Exu Porteira*** - Espíritu Guardián

***Exu Sete Tumbas*** - Espíritu Guardián

***Exu Sete Catacumbas*** - Espíritu Guardián

***Exu Da Brasa*** - Espíritu Guardián

***Exu Caveira*** - Espíritu Guardián

***Exu Kalunga Pequena*** - Espíritu Guardián

***Exu Corcunda*** - Espíritu Guardián

***Exu Sete Covas*** - Espíritu Guardián

***Exu Capa Preta*** - Espíritu Guardián

## ATRIBUTOS SAGRADOS DE QUIMBANDA:

### REINO DEL CEMENTERIO

*Los colores del Reino del cementerio son Morado y Negro.*

*El día sagrado de la semana del Reino del cementerio es el Martes.*

*El planeta del Reino del cementerio es Marte.*

*El símbolo sagrado del Reino del cementerio es dos tridentes cruzados con una calavera encima.*

*El Día Santo del Año del Reino del cementerio es el 7 de Mayo.*

*Los números sagrados del Reino del cementerio son 7 y 2.*

## EXU REI DA KALUNGA

Reino del Cementerio (Reino Da Kalunga). Usalo para invocar las energías masculinas del Cuarto Reino Menor de Quimbanda en hechizos y rituales para el bienestar espiritual de una persona.

## POMBA GIRA REINA DA KALUNGA

Reino del Cementerio (Reino Da Kalunga). Usalo para invocar las energías femeninas del Cuarto Reino Menor de Quimbanda en hechizos y rituales para el bienestar espiritual de una persona.

## EXU PORTEIRA

Reino del Cementerio (Reino Da Kalunga). Usalo en hechizos y rituales para abrir cualquier y todas las puertas cerradas de oportunidad.

## EXU SETE TUMBAS

Reino del Cementerio (Reino Da Kalunga). Usalo en hechizos y rituales para traerle tragedia y muerte a tus enemigos.

## EXU SETE CATACUMBAS

Reino del Cementerio (Reino Da Kalunga). Usalo en hechizos y rituales para protección contra la magia negra y protección contra tragedias.

## EXU DA BRASA

Reino del Cementerio (Reino Da Kalunga). Usalo en hechizos y rituales para protección contra la magia negra y limpias espirituales.

## EXU CAVEIRA

Reino del Cementerio (Reino Da Kalunga). Usalo en hechizos y rituales para invocar el poder de los muertos para cualquier situación.

## EXU KALUNGA PEQUENA

Reino del Cementerio (Reino Da Kalunga). Usalo en hechizos y rituales para que te de poder sobrenatural y el dominio sobre el mundo de los espíritus.

## EXU CORCUNDA

Reino del Cementerio (Reino Da Kalunga). Usalo en hechizos y rituales para darle a una persona victoria sobre batallas legales y judiciales.

## EXU SETE COVAS

Reino del Cementerio (Reino Da Kalunga). Usalo en hechizos y rituales para invocar el poder de los muertos para cualquier situación y para proteccion de la riqueza material, posesiones personales y la propiedad.

## EXU CAPA PRETA

Reino del Cementerio (Reino Da Kalunga). Usalo en hechizos y rituales para revelar enemigos ocultos.

## LISTA DE COLORES PARA VELADORAS

Las velas se pueden arreglar con aceites y se prenden en las invocaciones mágicas para buscar el amor, la riqueza, la salud, la fortuna, exorcizar el mal y hechizos. Si quieres ver buenos resultados con sus hechizos mágicos, utilice la lista en la parte inferior de la página que tiene combinaciones de colores y lo que significan. Todas las combinaciones de los colores se pueden utilizar con cualquiera de los espíritus Exu y Pomba Gira, dependiendo en la intención deseada de su hechizo. Si usted no puede encontrar veladoras con estas combinaciones de color, puede utilizar los colores en general. Una vela roja se utiliza para representar el espíritu Exu Maioral, una vela negra se utiliza para representar el Espíritu Exu Rei y una vela blanca se utiliza para representar al Espíritu Pomba Gira.

### NEGRA

Usala en hechizos para remover vibras negativas.

### ROJA

Para hechizos de pasion, energia, poder, fuerza, valor, magnetismo, contrarrestar la fatiga y la ira.

## ANARANJADA

Para hechizos de attracion, motivacion, energia mental, mejor pensamientos y felizidad.

## BLANCA

Para hechizos de proteccion, meditacion, bendicion, puridad y salud.

## GRIS

Para hechizos contra stress y vacilacion.

## VIOLETA

Para hechizos de crecimiento psíquico, divinacion y bendicion.

## ROSA

Para hechizos de amor emocional, romance, nuevo amores y amistades.

## ORO

Para hechizos de energia solar, poder, fuerza physica, exito y para crecer mentalmente.

## BLANCA Y VERDE

Para proteger dinero o inversiones.

## BLANCA Y ROSA

Para proteger la armonia y el amor de una relacion.

## BLANCA Y NEGRA

Para eliminar gafes y vibras negativas.

## BLANCA Y MORADA

Para meditaciones.

**BLANCA Y AZUL**

Para proteccion y paz en la casa.

**BLANCA Y AMARILLA**

Para limpiar su aura.

**BLANCA Y NARANJADA**

Para bendecir la casa y tener armonia.

**BLANCA Y ROJA**

Para proteger tu salud.

**BLANCA Y CAFE**

Para proteger a los ninos y mascotas.

## VERDE Y CAFE

Para atraer un trabajo o una casa.

## VERDE Y AZUL

Para hechizos de prosperidad.

## VERDE Y MORADO

Para atraer grandes cantidades de dinero.

## VERDE Y NEGRO

Para desterrar los problemas de la pobreza o de dinero.

## ROJA Y CAFE

Para tener la aventaga en todos los asuntos legales.

**ROJA Y NEGRA**

Para revertir la negatividad y el mal al remitente.

**ROJA Y MORADA**

Para conquistar situaciones dificiles.

**ROJA Y VERDE**

Para aumentos y promociones.

**AZUL Y MORADO**

Para tener suenos profeticos.

**AZUL Y NEGRO**

Elimina la depresión.

## AMARILLA Y ROJA

Para atraer amor.

## AMARILLA Y VERDE

Atrae exito y dinero.

## AMARILLA Y AZUL

Para atraer balancia en la vida.

## AMARILLA Y CAFE

Para cuando quieres rentar o vender tu casa.

## AMARILLA Y NEGRA

Para eliminar mala suerte y bloques de prosperidad.

**AMARILLA Y MORADA**

Para promociones.

**AMARILLA Y NARANJADA**

Para atraer exito y suerte.

**NARANJADA Y ROJA**

Para atraer la pareja perfecta.

**NARANJADA Y AMARILLA**

Para atraer exito en las artes y musica.

**NARANJADA Y VERDE**

Para atraer balanicia y suerte.

**NARANJADA Y MORADA**

Para ayuda en estudios, poder y fuerza.

**NARANJADA Y CAFÉ**

Para atraer armonia y exito en negociosos.

**NARANJADA Y AZUL**

Para hechizos de felicidad, paz, tranquilidad y claridad.

**NARANJANDA Y NEGRA**

Para remover bloques de negociosos que no te dejan tener exito.

**ROSA Y VERDE**

Para atraer a una pareja con dinero.

## ROSA Y ROJA

Para hechizos de romance y lujuria en una relacion.

## ROSA Y MORADA

Para hechizos de Ven A Mi producto.

## ROSA Y AZUL

Para tener paz y armonia.

## ROSA Y CAFE

Para tener felicidad y stabilidad.

## BLANCA/ROJA/CAFE

Para cuando cosas malas le pasan a personas buenas. Para cuando no es tu culpa en corte, custodia, etc.

## BLANCA/ROJA/MORADA

Para cuando no es tu culpa y necesitas que superar en una situacion.

## BLANCA/ROJA/VERDE

Para cuando creditores te estan molestando. Para continuar tu vida economicamente.

## BLANCA/ROJA/AZUL

Para proteger tu casa o amor.

## BLANCA/ROJA/NEGRA

Para tener pensamientos claros.

## BLANCA/VIOLETA/AZUL

Para cuando estas sin direcion en la vida y para re-establisar la fe.

## BLANCA/GRIS/NEGRA

Para casos de corte cuando eres culpable, no van encontran evidencia contra ti.

## AMARILLA/VERDE/CAFE

Para atraer el trabajo perfecto y que te pagan el dinero que quieres.

## AMARILLA/VERDE/MORADA

Para que agares una promocion o aumento de trabajo.

## AMARILLO/ROSA/ROJA

Para tener un vinculo de interaccion mas fuerte con una persona que es amable pero no es tu amigo.

## AMARILLA/NARANJADA/ROJA

Para atraer la pareja perfecta. Es importante que especifiques todas las situaciones que sean compatibles con tus necesidades.

## ROSA/VIOLETA/ROJA

Para re-establisar un romance, tener comunicacion y atraer pasion perdida.

## ROSA/ROJA/MORADA

Para re-esablisar a alguien con attracion de pensamientos de lujuria y deseos sexual. Atrae a una persona con la intecion de pasion y una relacion.

## ROSA/AZUL/CAFE

Para tener paz, amor y armonia en la casa, especialmente cuando adultos y niños están involucrados.

## NARANJADA/ROJA/MORADA

Para romper situaciones dificiles que son con agencies de govermiento o problemas legales.

## LAS FIRMAS DE LOS ESPIRITUS DEL PRIMER REINO MENOR (PONTOS RISCADOS)

En la tradición de Quimbanda, firmas de los espíritus (un sello sagrado) son símbolos relacionados con un conjunto de ideas por el cual los espíritus o deidades pueden ser convocados. Las firmas conectan a los espíritus a nuestro mundo. En la lengua Portuguesa se les llama "Pontos Riscados". Las firmas cuando se utilizan de la manera apropiada pueden abrir las puertas al mundo del sobrenatural. También se utilizan en las prácticas adivinatorias. Las firmas cuando se dibujan en el suelo o en un objeto evocan el espíritu. Las firmas sirven también como un enfoque físico a través del cual el sacerdote de Quimbanda alcanza el estado deseado de la mente. Las firmas representan los nombres secretos de los espíritus y las deidades que se manifiestan de manera diferente a cada practicante de magia. Cuando el sacerdote de Quimbanda ha convocado al espíritu o deidad él puede controlarlo poniendo la firma en fuego o con el uso de una espada mágica o un machete. Las firmas también pueden servir como amuletos, talismanes, o herramientas de meditación. Las firmas de Quimbanda pueden ser de diversos signos como cruces, tridentes, estrellas asociadas a diferentes deidades. Los sacerdotes de Quimbanda inscriben las firmas en objetos de ritual, veladoras, objetos de plata, bronce, oro, o de vidrio. Firmas son consideradas arte de magia. Los sacerdotes también dibujan las firmas en el suelo delante de la ngangas de los espíritus para invocar y convocar a las deidades que aparecen y para enviarlos a cumplir sus órdenes. La siguiente firma (Pontos Riscado) se puede utilizar al hacer los hechizos y rituales de este libro y talismanes mágicos y amuletos.

***UN DIAGRAMA QUE MUESTRA LA FIRMA DE LA CRUZ DE QUIMBANDA.***

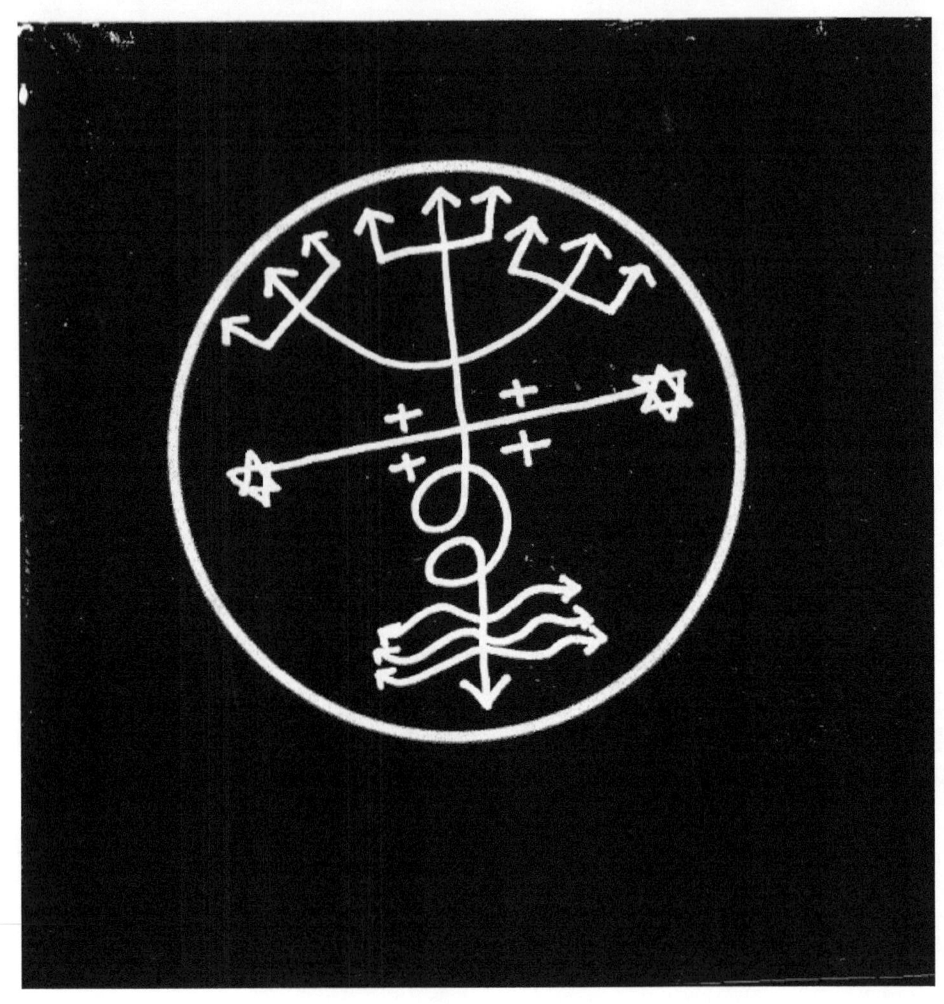

**EXU REI DA KALUNGA**

Reino del Cementerio (Reino Da Kalunga). Usalo para invocar las energías masculinas del Cuarto Reino Menor de Quimbanda en hechizos y rituales para el bienestar espiritual de una persona.

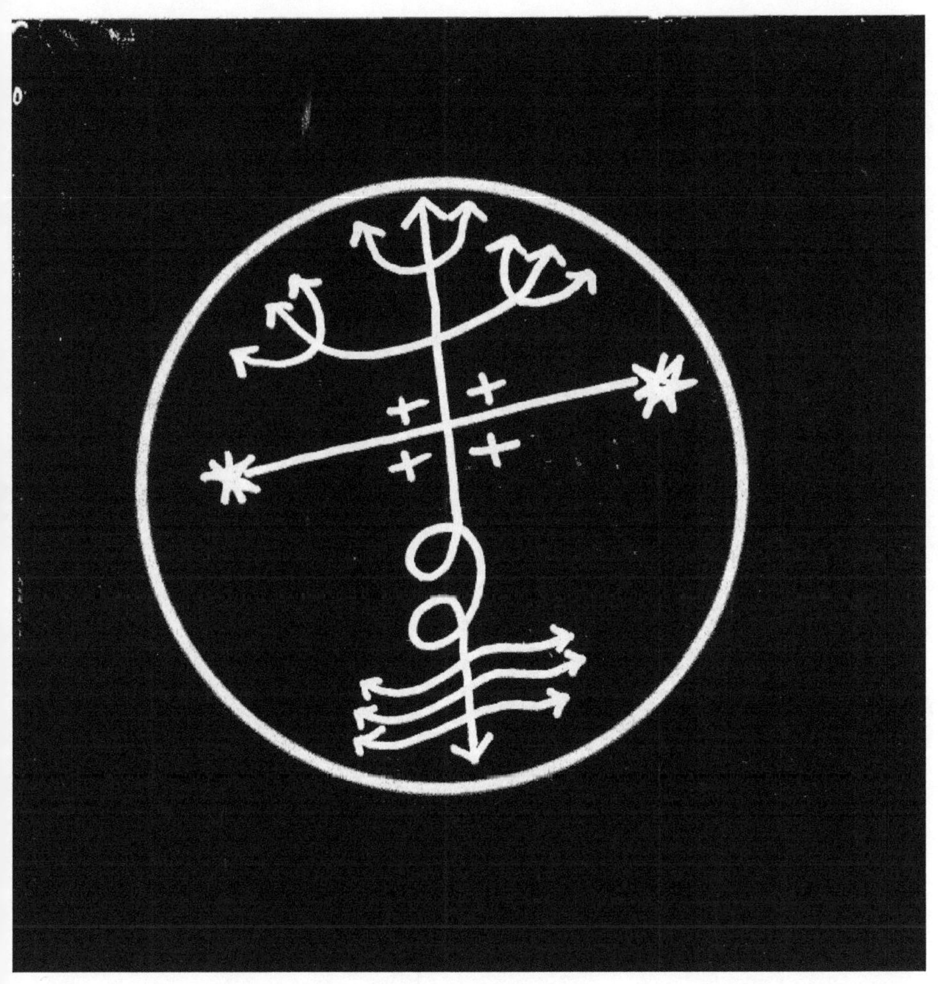

**POMBA GIRA REINA DA KALUNGA**

Reino del Cementerio (Reino Da Kalunga). Usalo para invocar las energías femeninas del Cuarto Reino Menor de Quimbanda en hechizos y rituales para el bienestar espiritual de una persona.

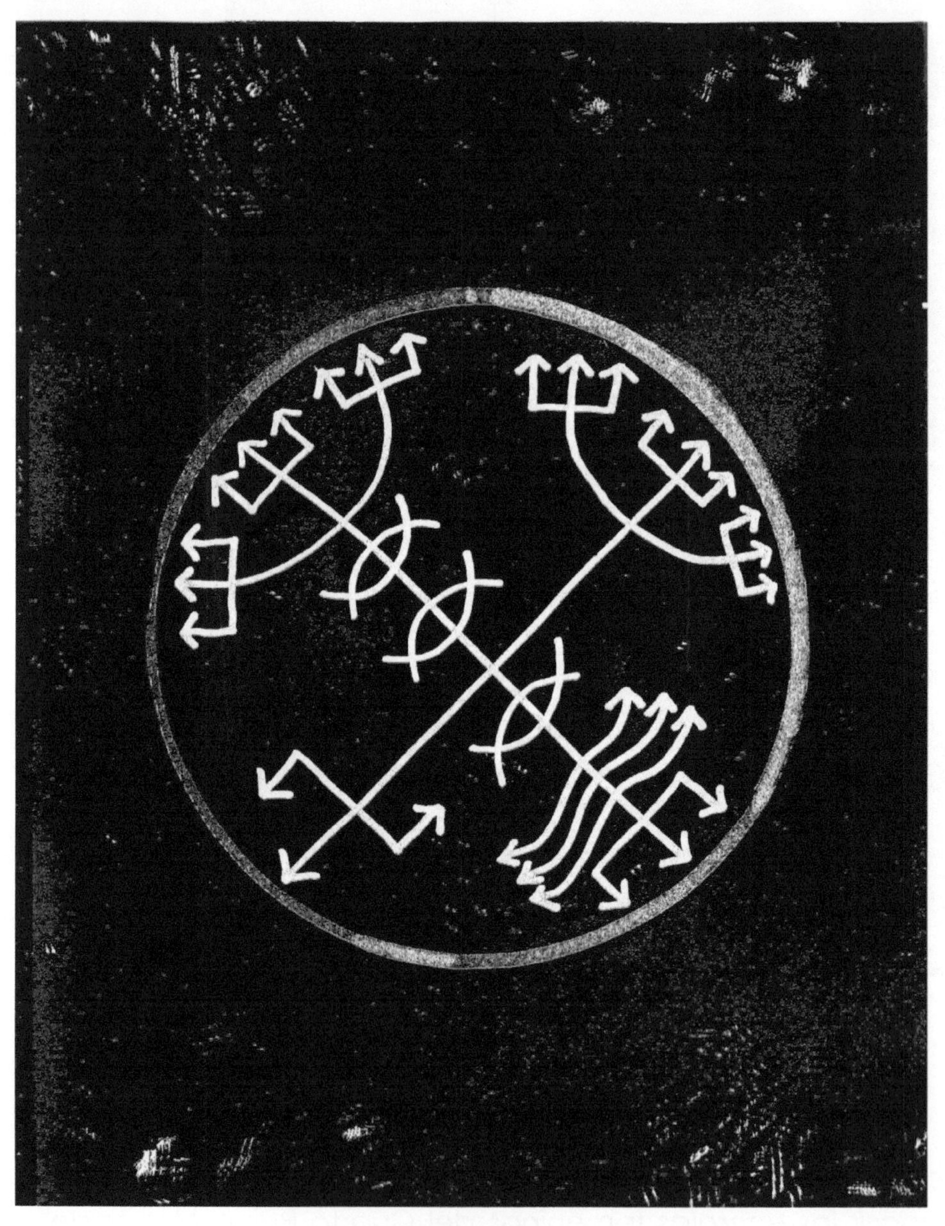

**EXU PORTEIRA**

Reino del Cementerio (Reino Da Kalunga). Usalo en hechizos y rituales para abrir cualquier y todas las puertas cerradas de oportunidad.

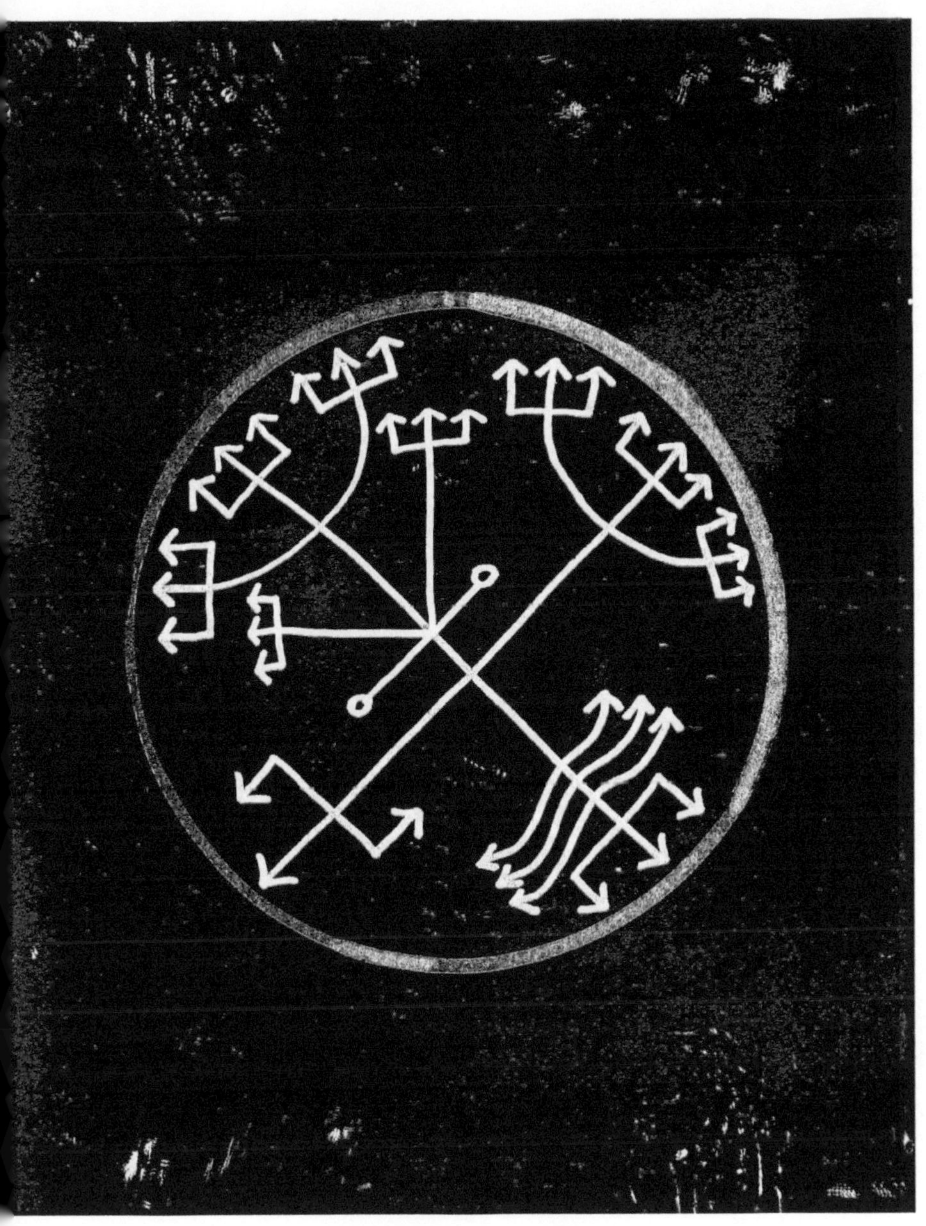

**EXU SETE TUMBAS**

Reino del Cementerio (Reino Da Kalunga). Usalo en hechizos y rituales para traerle tragedia y muerte a tus enemigos.

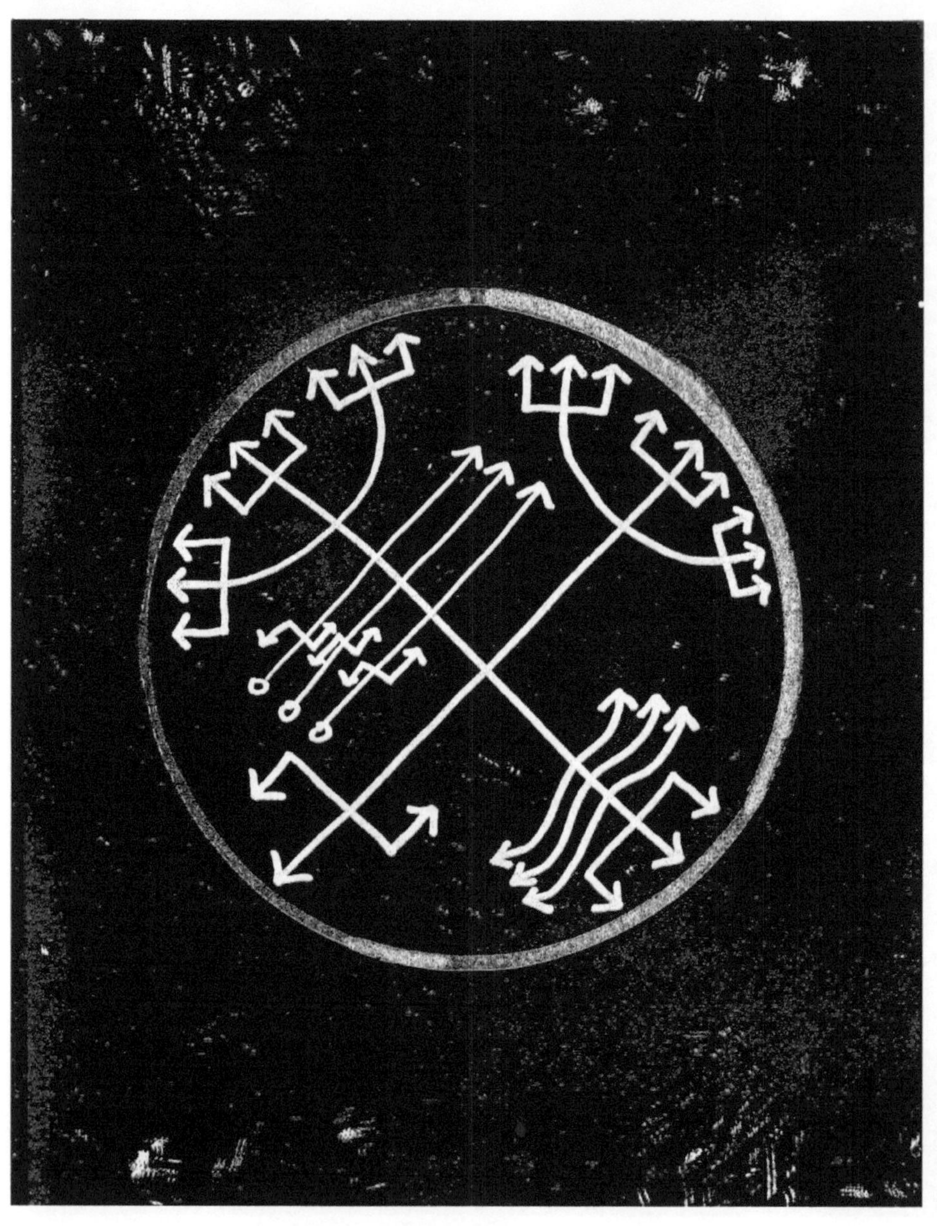

**EXU SETE CATACUMBAS**

Reino del Cementerio (Reino Da Kalunga). Usalo en hechizos y rituales para protección contra la magia negra y protección contra tragedias.

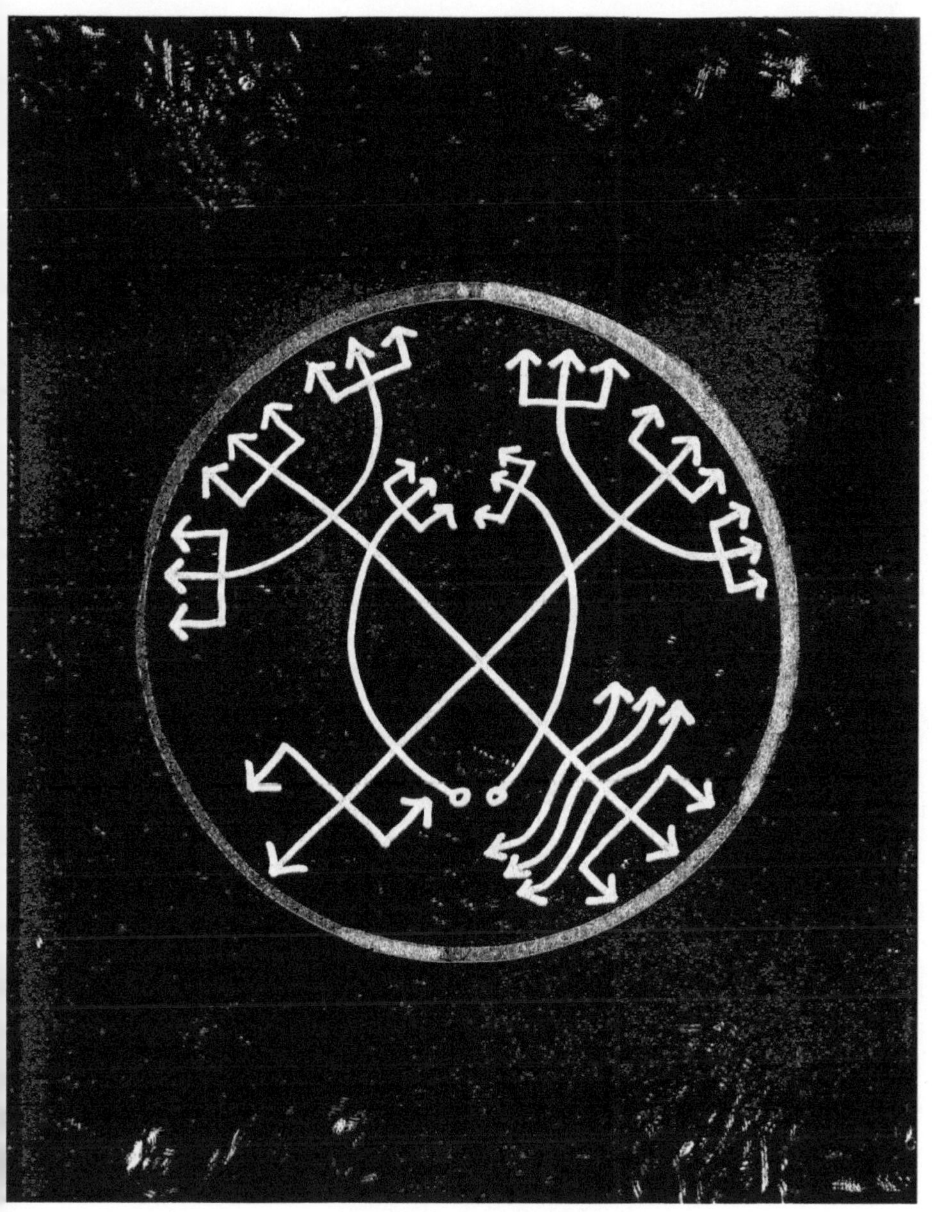

**EXU DA BRASA**

Reino del Cementerio (Reino Da Kalunga). Usalo en hechizos y rituales para protección contra la magia negra y limpias espirituales.

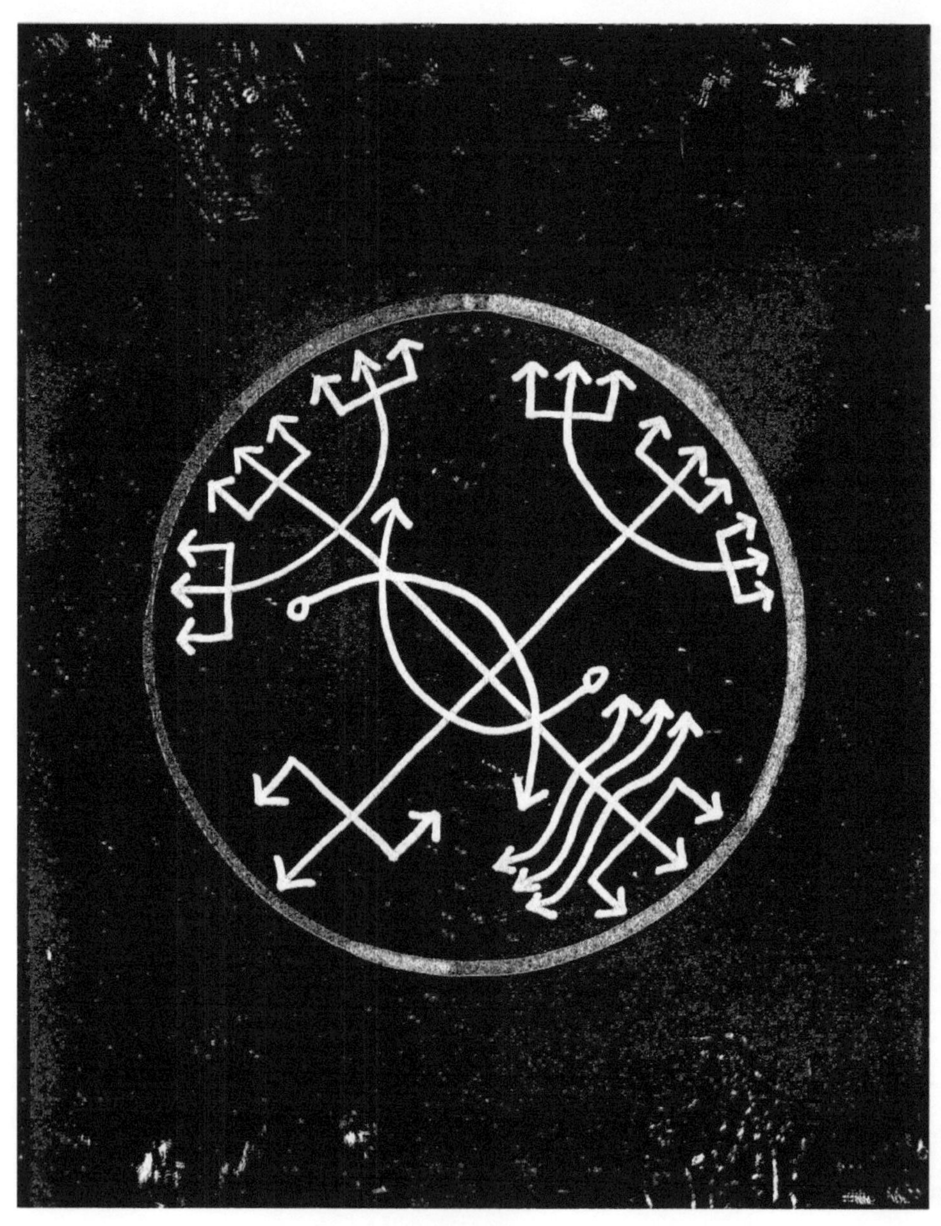

**EXU CAVEIRA**

Reino del Cementerio (Reino Da Kalunga). Usalo en hechizos y rituales para invocar el poder de los muertos para cualquier situación.

**EXU KALUNGA PEQUENA**

Reino del Cementerio (Reino Da Kalunga). Usalo en hechizos y rituales para que te de poder sobrenatural y el dominio sobre el mundo de los espíritus.

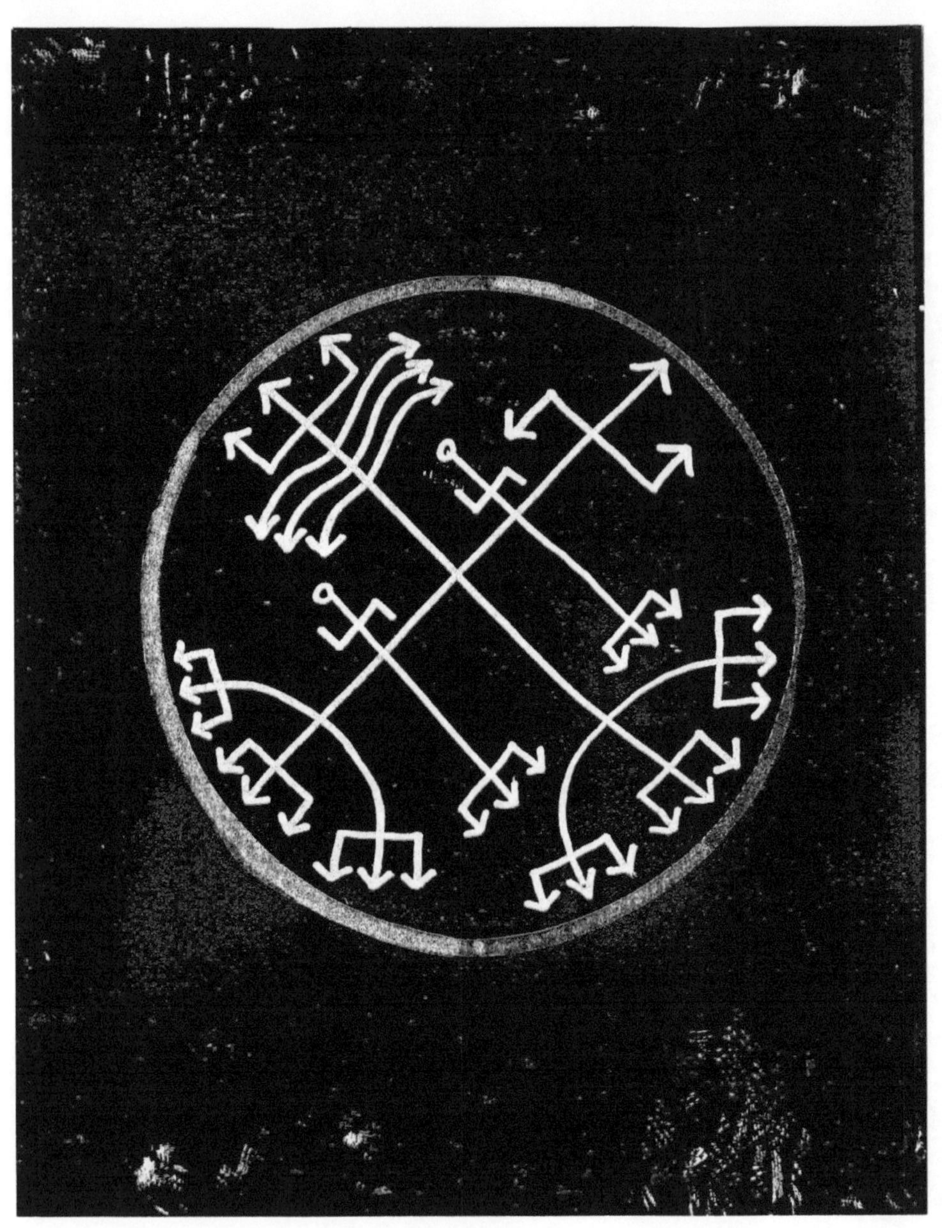

**EXU CORCUNDA**

Reino del Cementerio (Reino Da Kalunga). Usalo en hechizos y rituales para darle a una persona victoria sobre batallas legales y judiciales.

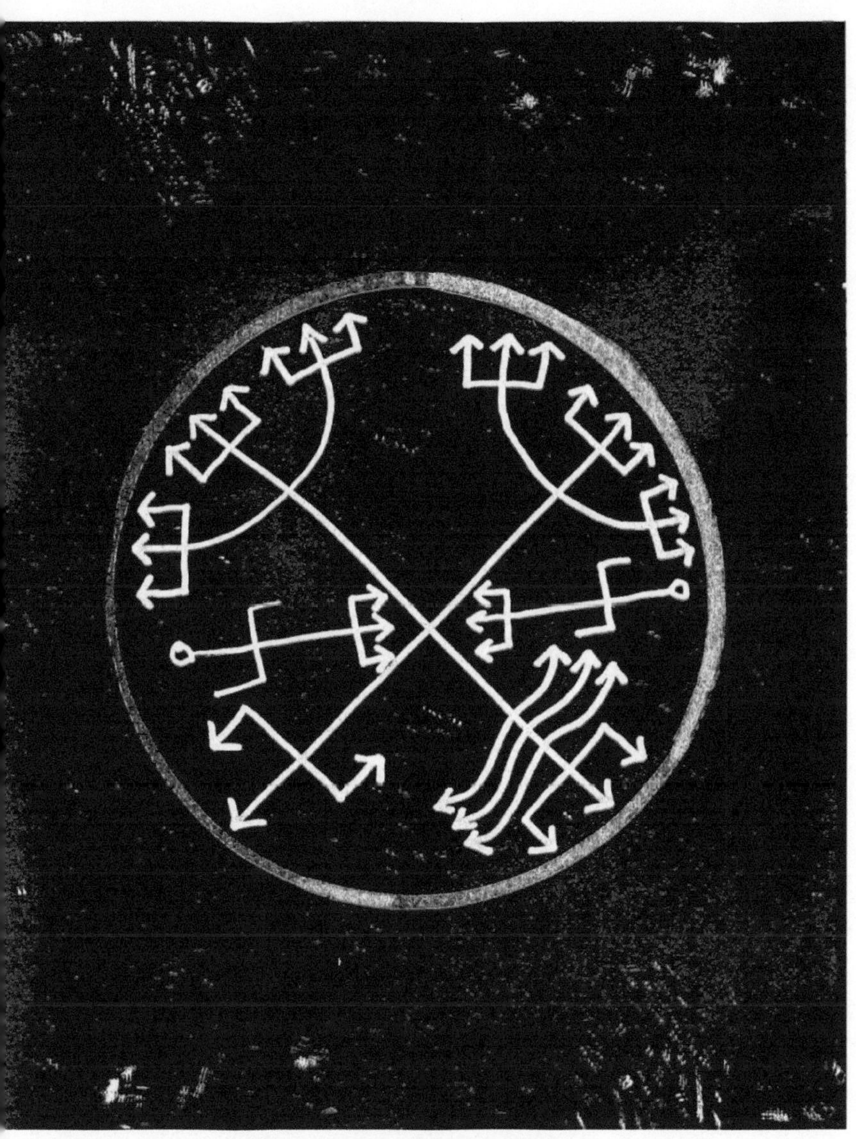

## EXU SETE COVAS

Reino del Cementerio (Reino Da Kalunga). Usalo en hechizos y rituales para invocar el poder de los muertos para cualquier situación y para proteccion de la riqueza material, posesiones personales y la propiedad.

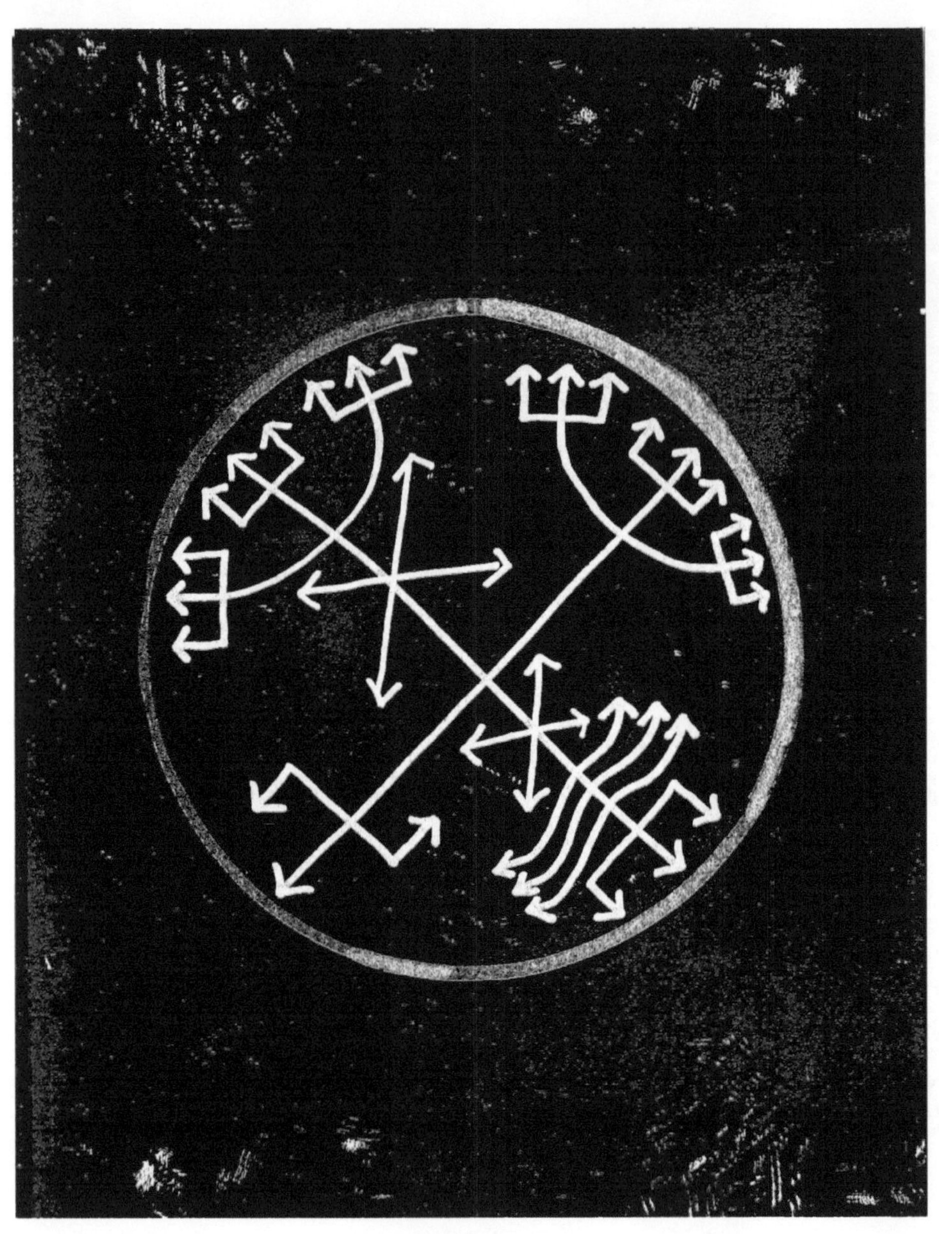

**EXU CAPA PRETA**

Reino del Cementerio (Reino Da Kalunga). Usalo en hechizos y rituales para revelar enemigos ocultos.

*LA RELIGION DE QUIMBANDA LOS SECRETOS DE LA MAGIA AFRO-BRASILENA: HECHIZOS Y RITUALES*

*HECHIZOS MAGICOS DE QUIMBANDA REINO DE LAS ENCRUCIJADAS*

*HECHIZOS MAGICOS DE QUIMBANDA REINO DE LAS CRUCES*

*HECHIZOS MAGICOS DE QUIMBANDA REINO DE LOS BOSQUES Y MONTANAS*

*HECHIZOS MAGICOS DE QUIMBANDA REINO DEL CEMENTERIO*

*HECHIZOS MAGICOS DE QUIMBANDA REINO DE LAS ALMAS*

*HECHIZOS MAGICOS DE QUIMBANDA REINO DE LAS LIRAS*

*HECHIZOS MAGICOS DE QUIMBANDA REINO DE LA PLAYA*

*EXU MEIA NOITE EL ESPIRITU PATRON DE LOS BRUJOS: HECHIZOS Y RITUALES DE MAGIA NEGRA*

*EL ROSARIO DE QUIMBANDA*

# LA TIENDA OCULTA DE PAPA MONTENEGRO

**LA TIENDA OCULTA DE PAPA MONTENEGRO** te invita a que compres en nuestra tienda con confianca. Auténticos productos ocultos hechos a mano, Productos de Quimbanda, baños de hierbas, colonias, incienso, aceites, polvos, kits de hechizos, velas, libros y arte sagrado.

Tenemos más de 1800 aceites disponible en nuestra tienda que son hechos a mano y ritualmente preparados. Son hechos con hierbas mágicas, aceites esenciales, aceites de perfume, e ingredientes raros y sagrados.

WWW.PAPAMONTENEGRO.COM

Enviamos internacionalmente

www.ingramcontent.com/pod-product-compliance
Ingram Content Group UK Ltd.
Pitfield, Milton Keynes, MK11 3LW, UK
UKHW041924190726
13854UKWH00003B/1436